Week-end à Rome

Cette histoire est écrite en « francitalien »
pour la compréhension de tous·tes.
Bonne lecture.

Simon Bournel-Bosson

Week-end à Rome

L'AGRUME ÉDITIONS

CELIBAT'AIR

Hier, Mathilde
m'a quitté.

TUNG

MESDAMES, MESSIEURS, NOUS TRAVERSONS UNE ZONE DE TURBULENCE.

THÉ ?
CAFÉ ?
VOUS N'AURIEZ PAS PLUTÔT UN PETIT REMONTANT ?
QUELQUE CHOSE DE PLUS... ALCOOLISÉ.

VOUS AVEZ UNE PETITE APPRÉHENSION DE L'AVION ?
NON, PAS DU TOUT! RAISON PUREMENT SENTIMENTALE.
AH...
VOUS M'EN VOYEZ DÉSOLÉE, MAIS IL EST UN PEU TÔT, MONSIEUR...

VOUS AVEZ PEUT-ÊTRE AUTRE CHOSE DE COSTAUD DANS VOTRE CHARIOT ?
AUTORISÉ À LA VENTE...
BIEN SÛR !!!
NOUS AVONS DES BONBONS QUI PIQUENT.
OK... JE PRENDS !

Je ne sais pas pourquoi j'ai pris
cet avion sans elle.

J'ai traîné mon corps mou jusqu'à
l'aéroport d'Orly en mode pilotage automatique.
Je n'ai pensé à rien, pas même à prendre
un slip de rechange.

Il était trop tard pour se faire
rembourser les billets.

Je suis dévasté, mais il faut croire
que je suis vraiment près de mes sous
pour m'infliger un truc pareil.

C’est vrai…

Qui voudrait voyager avec
le fantôme de son ex?

PUNAISE ! ÇA PIQUE HYPER FORT !!!

?
MON CHAT !
J'AI TELLEMENT ENVIE DE VOIR LA FONTAINE DE TREVI.
PAS DE SOUCI, BÉBOU !
ON JETTERA UNE PIÈCE, ET ON FERA UN VŒU ?
TOUT COMME TU VEUX.

JE SUIS SI CONTENTE DE PARTAGER ÇA AVEC TOI. ÇA FAIT SEULEMENT SIX MOIS QU'ON SE VOIT, C'EST FOU...
SIX MOIS ET DEMI.
TOUT EST FLUIDE ENTRE NOUS, RIEN N'EST COMPLIQUÉ.
ET MÊME SI T'ES GÉMEAUX, JE TROUVE QU'ON FORME PLUTÔT UNE BONNE TEAM.
C'EST CLAIR, MON AMOUR.

J'AI REPÉRÉ PLEIN DE SPOTS À VISITER SUR TRIPADVISOR. MA POTE HORTENSE M'A AUSSI FILÉ UN SUPER PLAN TRATTORIA DANS LE QUARTIER DE TRASTEVERE.
TROP BBIIEENN !!!
C'EST LE QUARTIER BRANCHÉ, APPAREMMENT.
MAIS AVANT ÇA, ON NE PASSERAIT PAS À L'HÔTEL FAIRE UN P'TIT CÂLIN ?
ON A UN PROGRAMME CHARGÉ, MAIS ÇA PEUT S'ARRANGER...

EXCUSEZ-MOI, MAIS...
JE POURRAIS VENIR AVEC VOUS ?

JE ME FERAI TOUT PETIT, PROMIS.
?

Il est 11 h 23 quand j'atterris à Rome.

J'aurais préféré m'y écraser.

Dans le hall du terminal A, je me retrouve
au cœur de l'aéroport international de l'amour.

PIOUK
DUTY FREE
SMACK
I LOVE ROMA
SLURP
SMACK

Pour trouver la sortie, il suffit de suivre la foule qui parle la langue des gens heureux.

Rome Fiumicino Airport
SMACK
HOTEL EMOZIONE, ROMA TERMINI.
TAXI
SÌ !
PREGO.

Ce week-end en amoureux, c'est un cadeau
que j'avais fait à Mathilde pour fêter mon anniversaire.

L'impasse d'une relation
à sens unique.

Ça n'allait pas très bien entre nous depuis quelque temps, voire depuis très longtemps... Au point que je ne savais plus vraiment quand tout avait commencé à mal tourner.

Peut-être lorsqu'elle s'était mise
à communiquer avec des onomatopées,
comme dans les BD.

Ou quand je lui tendais la main
et que je ne saisissais plus que du vide.

Raviver la flamme dans la ville éternelle
de l'amour, c'était plutôt un bon plan
pour prendre un nouveau départ.

BUONGIORNO, J'AI UNE RÉSERVATION AU NOM D'ÉTIENNE DONDON.
SÌ ! LA SUITE MICHELANGELO.
AVEC L'OPZIONE PROSECCO D'AMORE, ET PETIT DÉJEUNER CONTINENTAL.
SÌ.
HOTEL EMOZIONE

SCUSI SIGNORE…
JE VOIS QUE LA RÉSERVATION EST POUR DUE PERSONE ?
HOTEL EMOZIONE

ELLE ARRIVE...
PREGO.
HOTEL
EMOZIONE

Michelangelo

Le lit est dur comme ma vie. Les fleurs en plastique ont l'odeur du néant. Le tableau de maître est une image Google étirée, pixelisée, torturée.

Tout indique que c'est moi qui ai réservé cette chambre miteuse.

Je n'ai jamais su faire les bons choix. Ça a toujours été plus facile que Mathilde les fasse pour nous deux.

Dans notre couple, je suis progressivement devenu un vieux matou, plus souvent endormi qu'éveillé, qui ne bouge pas de son coin de canapé.

Ce même matou qu'on finit inévitablement par remplacer par un jeune chaton fougueux.

Pourtant, ça n'a pas toujours été comme ça. Il y eut une époque où je vivais à 100 à l'heure. Agent de la CAF le jour, chanteur de variété la nuit, j'écumais les routes d'Indre-et-Loire pour me produire dans tous les clubs et les salles des fêtes du département.

C'est comme ça que j'ai rencontré Mathilde.
Elle était venue me voir à Saint-Pierre-des-Corps,
au New 8o. Je l'ai séduite en chantant
une chanson de Richard Cocciante.
NEW 80
Mais tu n'es pas là...
Et si je rêve, tant pis !!
Quand tu t'en vas
J'dors plus la nuit...

Et puis il y eut toutes les autres chansons...

Souviens-toi, c'était un jeudi
Souviens-toi, on avait suivi
Le chemin des amoureux
C'était il était une fois nous deux

Fais-moi une place
au fond d'ton coeur!
Pour que j't'embrasse
lorsque tu pleures...

L'amour te porte dans tes efforts… L'amour de tout délie du secret…
Oh ! Et face à tous ceux qui te dévorent. Aimer est plus fort que d'être aimé…

ÉTIENNE...
J'AIME LES MOMENTS QU'ON PASSE ENSEMBLE.
COMMENT TU VOIS LES CHOSES ENTRE NOUS ?

J'AIMERAIS TE PRÉSENTER MES AMIS D'ENFANCE VENDREDI PROCHAIN. T'ES DISPO ?

JE GALÈRE AU TAF EN CE MOMENT, JE N'ARRIVE PLUS À GÉRER TOUTE SEULE.
J'AI VRAIMENT BESOIN DE TON SOUTIEN.
♫

EN VRAI T'ES TOUT LE TEMPS CHEZ MOI... ET LE VOISIN DU DESSOUS LÂCHE SON APPART, UN T2 AVEC UN P'TIT BALCON...
ON POURRAIT S'Y INSTALLER ENSEMBLE ?
10%

QUOI ? TU AS PRÉVU DEUX SEMAINES DE VACANCES DANS LE GARD EN SOLO SANS M'EN PARLER !?

ÉTIENNE !!!
STOP…

J'ai grandi avec Nostalgie, en décalage avec les ondes radio de mon temps.
Balavoine, Eddy Mitchell, Michel Jonasz, Francis Cabrel, Serge Lama, Julien Clerc, Aznavour… Depuis toujours, j'admire ces chanteurs qui savent se mettre à nu.

Ils chantent leurs sentiments comme si leur vie en dépendait. Leurs émotions sont les braises ardentes d'un feu intérieur, qui se consume jusqu'à l'incendie.

Avec le recul, je me dis que ces mots qui ont fait fondre Mathilde au début n'étaient pas réellement les miens...

J'ai emprunté bien plus que des paroles
de chansons à mes idoles.

Vivre dans leur ombre m'a fait disparaître
dans les coulisses de ma propre vie.

Mathilde s'en est rendu compte bien avant moi. Voilà tout…

SSÏÏÏFFLE
SCUSI SIGNORE !
IL EST INTERDIT DE DÉPRIMER
SUR LA STRADA PUBBLICA.

C'EST PAS BIEN POUR LA FOTOGRAFIA.
MAIS...
90 EUROS.
PREGO.
C'EST CHER !

Mathilde ne m'aime plus. Elle me l'a dit
avec des mots qui n'appartiennent qu'à elle.

Elle aurait pu rester dans le flou, me garder
sous le coude, étirer le temps.

Mais elle ne l'a pas fait.

J'aurais tellement préféré...

Ma situation est désespérée, désormais
il ne me reste plus qu'une seule option.

Visiter Rome seul...

ROMA
8
6
5
LOVE TOUR

… comme si Mathilde était là.

BASILICA DI SANTA MARIA MAGGIORE

1

Au milieu de la nef, nos regards plongent dans le damier infini au-dessus de nos têtes. Mes yeux trouvent les tiens et on s'embrasse langoureusement. C'est un moment de grâce. Les nonnes nous lancent des regards assassins. J'en profite pour faire une confession express.

<u>*Note*</u>*:* ♥♥♥♥♡

FONTANA DI TREVI

2

Il n'y a plus d'eau dans la fontaine. Quelques piécettes grises et jaunes tapissent le sol en travertin. On joue des coudes pour prendre un selfie entre deux couples d'Allemands. La photo n'est pas cadrée, mais peu importe, j'ai le souvenir de notre amour en grand-angle.

Note : ♥♥♥♡♡

PICCOLI PICCOLO

3

Dans une petite ruelle, on tombe par hasard sur la terrasse du Piccoli Piccolo. C'est le moment de trinquer à ce merveilleux week-end. Les effluves du vino rosso nous montent à la tête et transportent nos cœurs.

Note : ♥♡♡♡♡

IL PANTHEON

4

On arrive doucement Piazza della Rotonda et l’on découvre ce grand édifice gris qui s’effrite de toutes parts. Je suis déçu… Tu me regardes et me dis: « C’est si beau ! Tout peut s’effondrer en un instant, et pourtant ça tient debout depuis mille ans. »

Note: ♥♥♡♡♡

PIAZZA NAVONA

5

J’ai mal aux pieds alors on s’assoit sur un banc 5 minutes. Des enfants s’amusent à shooter dans les pigeons, qui s’envolent en nuées. Tu viens te mettre à l’abri dans le revers de mon col molletonné.

Note : ♥♥♥♥♡

IL GIOLITTI

6

À l'heure du goûter, on fait la queue 25 bonnes minutes chez Giolitti. C'est forcément délicieux puisqu'ils se sont autoproclamés « meilleur glacier de la ville ». Ton œil s'illumine lorsque la cuillère plonge et creuse méticuleusement une boule glacée au goût pistache.

Note : ♥♥♡♡♡

VILLA BORGHESE

7

J'ai oublié de réserver les tickets pour visiter la villa Borghese, mais il est encore temps de faire un tour de barque sur l'étang. Vingt euros les 10 minutes... Ce n'est pas donné, mais je fais cette folie pour toi. Il y a un joli reflet doré sur la cime des arbres.

Note : ♥♥♥♡♡

IL VATICANO

8

Place Saint-Pierre, tu me cries des noms d'oiseaux. J'ai aussi oublié de réserver les tickets pour visiter la Chapelle Sixtine... Tu me tournes le dos et disparais dans la foule. Les reproches, qui semblaient restés en France, ont finalement embarqué avec nous.

Note : ♡♡♡♡♡

Souvenirs
Souvenirs
Souvenirs

ROMA
JEAN-PAUL II
Chers parents
Rome est magnifique !
Nous passons un
beau moment ici
plein d'émotions...
Grosses bises
Etienne &
Mathilde
Yvonne et
Jacques Donolon
5 rue du Levant
58300 DECIZE

Soudain, l'appel de la faim met un terme à ma dérive.

Il est temps pour moi de me rendre là
où l'on est véritablement seul aux yeux de tous.

Casa
RISTORANTE - TRATTORIA

Mia
PIÈGE À TOURISTES
7/7

BUONGIORNO.

J'AIMERAIS MANGIARE.
BUONGIORNO, SIGNORE.
SÌ !
NOUS SOMMES UNE PERSONNE.
AH...

JE SUIS BIEN TOUT SEUL.
JE SUIS BIEN TOUT SEUL.
JE SUIS BIEN TOUT SEUL.
JE SUIS BIEN TOUT SEUL.
PREGO !

VITE... AVOIR L'AIR TRÈS OCCUPÉ.

NO CB
Casa Mia
Allo Milanese
À PARTAGER
Alle Vongole
À PARTAGER
Cacciucco
À PARTAGER
Strozzapreti
À PARTAGER
Tiramisu
À PARTAGER
L'osso Buco
À PARTAGER
Risotto
À PARTAGER
Tortelli di Zucca
À PARTAGER
Bruschetta
À PARTAGER
Panna Cotta
À PARTAGER

BUONGIORNO.
FRANÇAIS ?
SÌ.
UN COMPATRIOTE !

TU VIENS D'OÙ ?
D'INDRE-ET-LOIRE.
SYMPA ! MOI JE VIENS DE BEAUVAIS, TU CONNAIS ?
C'EST UN TROU !
J'EN POUVAIS PLUS DE TRIMER POUR UN SMIC À L'AÉROPORT. J'AI TOUT PLAQUÉ.
ICI C'EST LE FEU ! SERVEUR, C'EST UN PEU CHIANT, MAIS LES MECS SONT CA-NONS.
ET LES FÊTES C'EST NO LIMIT ! SI TU VOIS CE QUE JE VEUX DIRE...
SÌ.

QU'EST-CE QUI TE FERAIT PLAISIR, MON AMI ?
EUH... ON PEUT MANGER QUOI ICI QUAND ON N'A RIEN À PARTAGER AVEC PERSONNE ?

OUH LÀ... ÇA VA PAS FORT, TOI ?
SÌ...
RUPTURE ?
OUI.
RRRÔÔÔ. T'INQUIÈTE, IL LE REGRETTERA.

ÉCOUTE... Y A UN PLAT QUI N'EST PAS À LA CARTE.
NORMALEMENT C'EST POUR LES GUESTS.
MAIS T'AS PAS L'AIR BIEN... JE VAIS T'ARRANGER ÇA AVEC LE CUISTOT.
AH...

LES SECRET PASTAS !

IL Y A QUOI DEDANS ? PARCE QUE J'AI QUELQUES INTOLÉRANCES ALIMENTAIRES.
JUSTEMENT PERSONNE NE SAIT…
MAIS C'EST INCROYABLE, APPAREMMENT.
ON DIT QUE CETTE SAUCE, C'EST LA « SÈVE DE ROME ».

ALLEZ ! ON NE VIT QU'UNE FOIS APRÈS TOUT !
ET JE VAIS AUSSI PRENDRE UNE BOUTEILLE DE MONTEPULCIANO. À PARTAGER AVEC MOI-MÊME.
TU VAS PAS LE REGRETTER.
PRONTO !

SYMPA !

LE MONTEPULCIANO !
ET J'ARRIVE AVEC LA SUITE...
GRAZIE.

… MOI J'ASSUME À CENT POUR CENT !
ARRÊTE ! C'EST FINI DEPUIS LONGTEMPS. ELLE EST AVEC YOANN, LE BARISTA.
MOUAIS… PAS TANT QUE ÇA.

AH OUAIS ? ET AUDREY, ELLE VA DIRE QUOI ?
OK, ET ASSIA ALORS ? VOUS AVIEZ L'AIR PROCHES AU NOUVEL AN.

... ET TOI, TU FAIS DU SPORT ?
J'AVOUE QUE ÇA FAIT LONGTEMPS QUE JE N'EN AI PAS FAIT.

PAS VRAIMENT. DISONS QUE JE SUIS PLUS BRANCHÉE JEUX DE SOCIÉTÉ.
ON PEUT FAIRE UN SKYJO APRÈS SI TU VEUX...

ME SOUVIENS PAS.
JE SUIS VIEUX, ÉCOUTE. C'EST UNE BONNE EXCUSE.

MAIS SI ! JEAN-LOUIS, TU SAIS BIEN ! LE POTE D'ALAIN QUI EST À LA CHORALE.
SI TU VEUX... TANT QUE TU M'OUBLIES PAS, MOI.

ET VOILÀ...

LES SECRET PASTAS !

Casa

Mia

MAIS... C'EST DES PÂTES À LA SAUCE TOMATE ?
NON, NON, NON. GOÛTE ! C'EST BIEN PLUS QUE ÇA !
JE REMETS LA P'TITE SŒUR ?

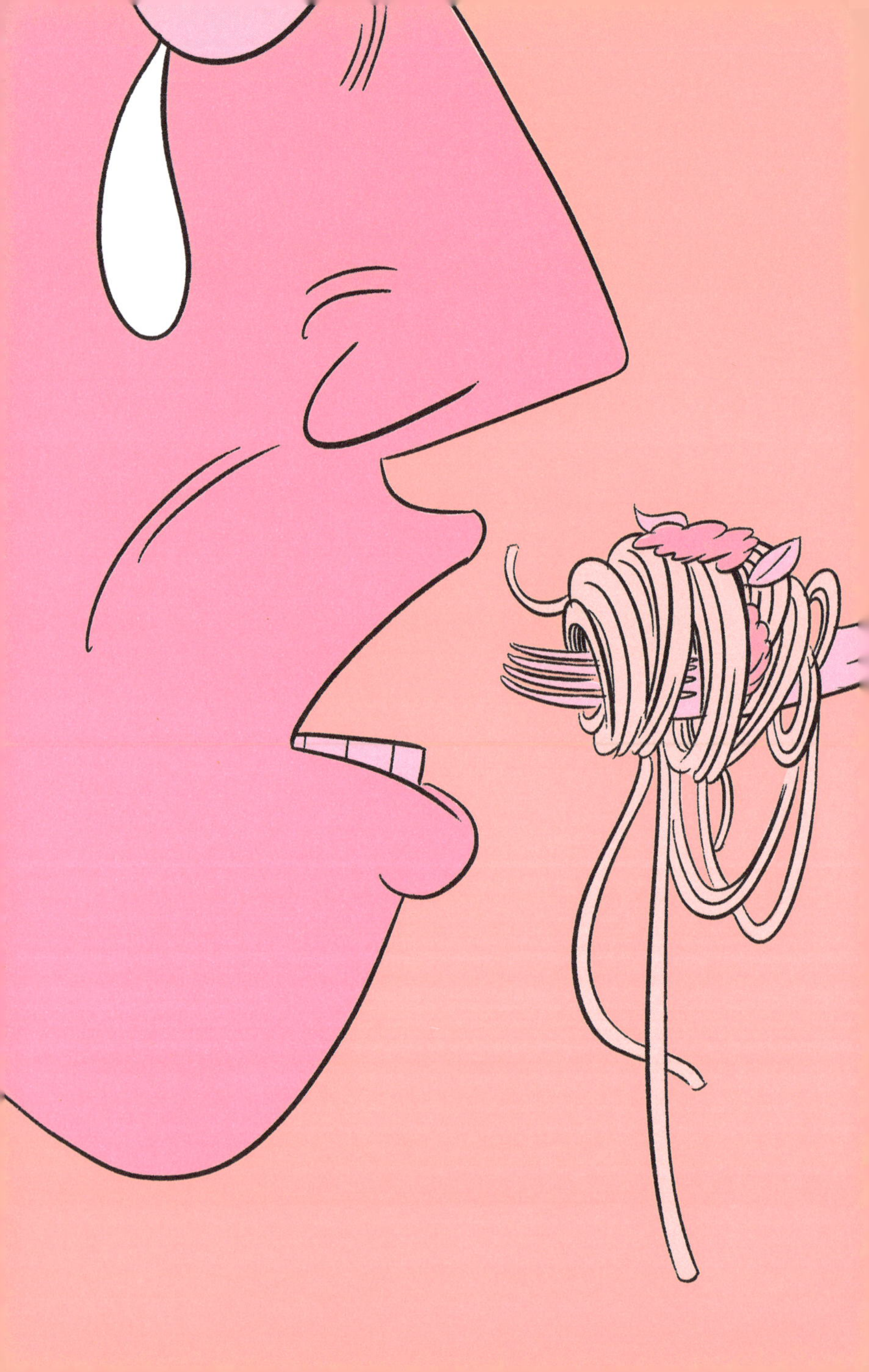

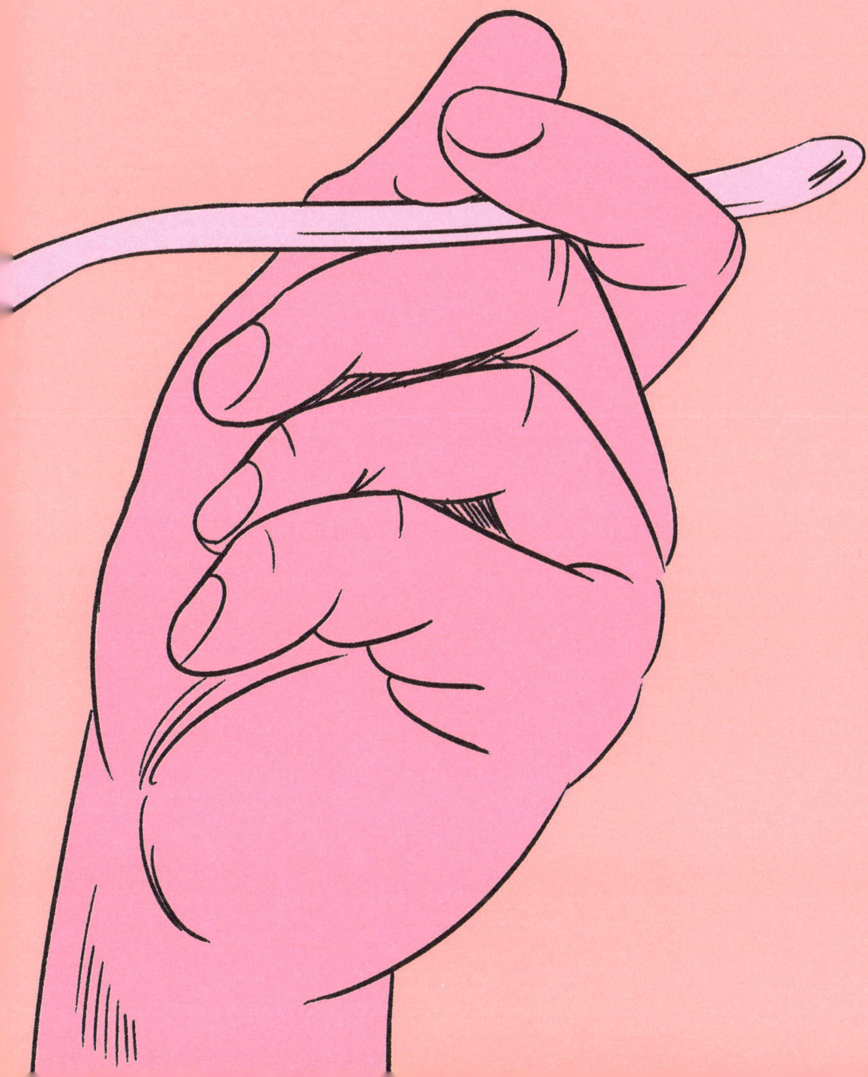

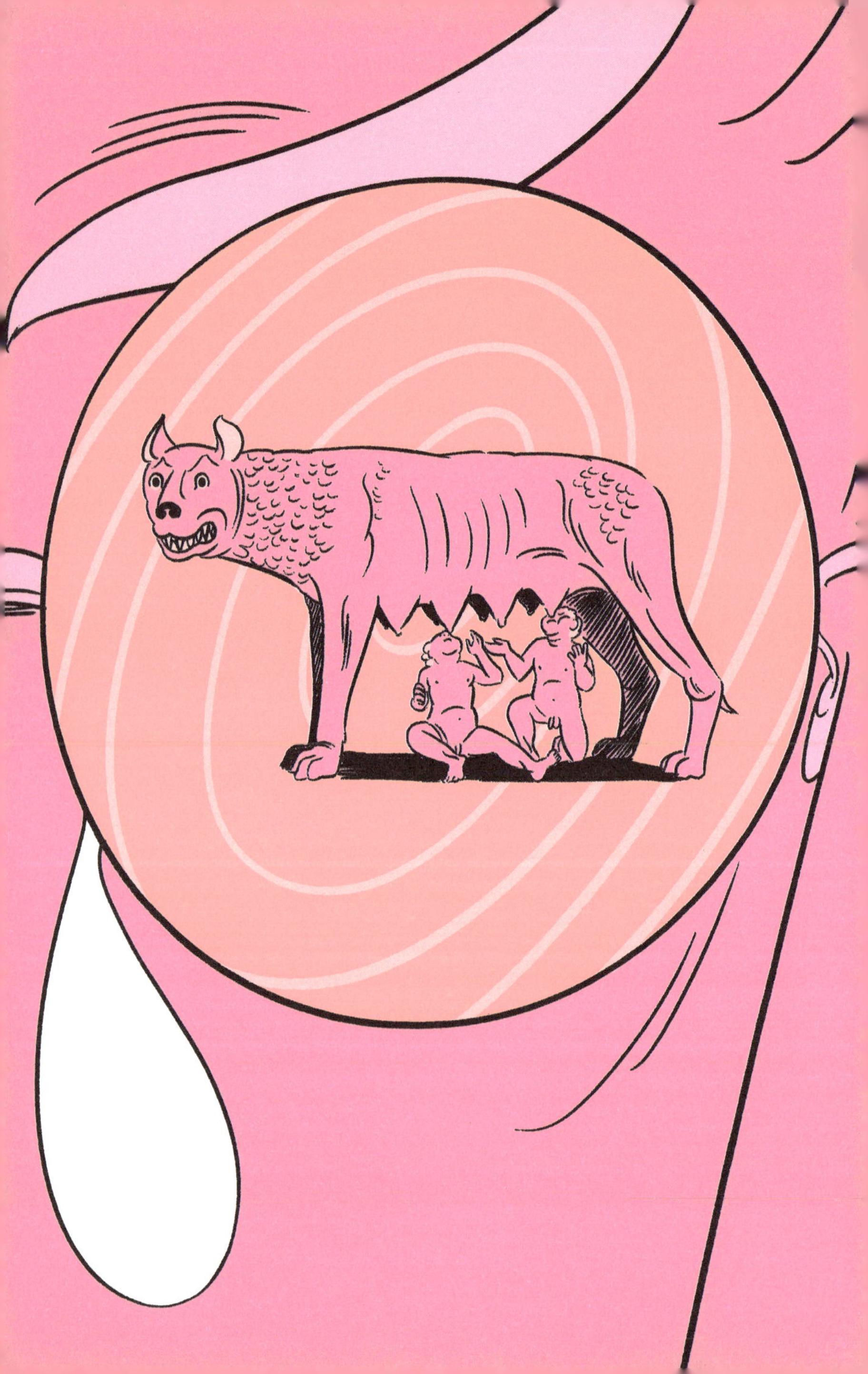

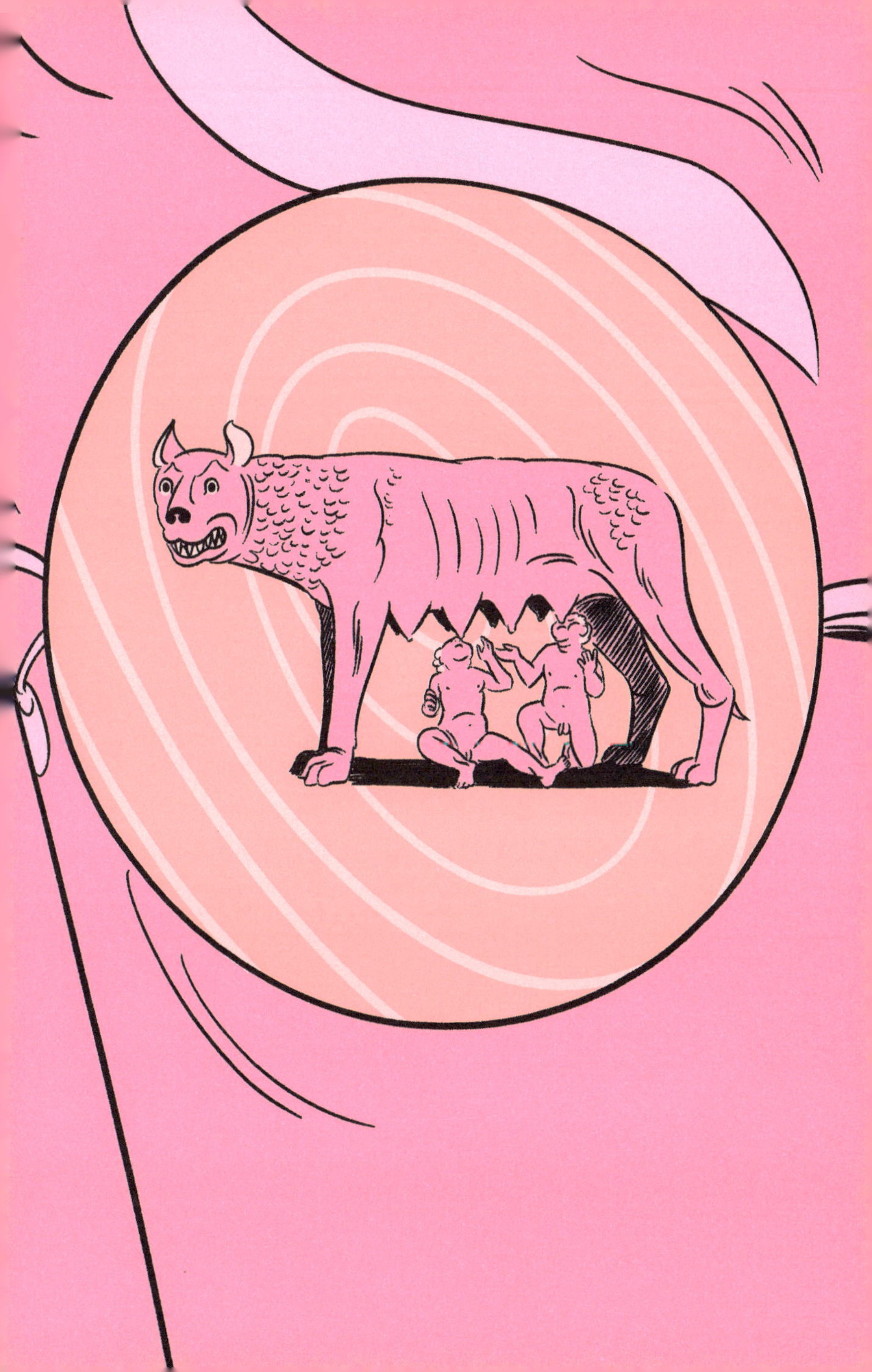

ALLEZ CIAO, ÉTIENNE !
Casa Mia
...NTE - TRATTORI... PIÈGE À TOURISTES 7/7
OUBLIE-LE CE CON !
ET BON AFTER !
GRAZZIEEE ANTONY !
C'EST TOUT DROIT POUR RENTRER.

BON...
ALLEZ !

ÇA SERT À RIEN DE RÉSISTER.

MATHILDE
MATHILDE T'ES LA FEMME DE MA VIE. REVIENS. JE VAIS CHANGER, PROMIS. REJOINS-MOI À ROME. J'AI PAS ENCORE TOUT VISITÉ. JE T'ATTENDS. ON MANGERA DES SECRET PASTAS. JE VEUX ME MARIER AVEC TOI ET TE FAIRE QUATRE ENFANTS. JE T'AIME.
TUUUT

VOILÀ.
C'EST PAS MAL...

DING
DING

MATHILDE
ÉTIENNE C'EST FINI TU LE SAIS... IL EST TEMPS POUR NOUS D'AVANCER CHACUN DE NOTRE CÔTÉ. JE VOULAIS TE DIRE QUE JE FRÉQUENTE JEAN-BRICE DEPUIS QUELQUE TEMPS. JE NE VEUX PAS QUE TU L'APPRENNES PAR QUELQU'UN D'AUTRE. PRENDS SOIN DE TOI.

JEAN-BRICE ?

JEAN
BRIIIICCA

Jean-Brice ! Son N+1 despotique et toxique. Celui qui ne donne aucune augmentation à la fin du mois, qui fait bosser les gens jusqu'à 3 heures du mat… et qui se tape toutes les stagiaires de la boîte ! Celui dont elle se plaignait chaque matin et chaque soir que Dieu fait.

Je ne reconnais rien en moi de Jean-Brice.
J'aurais pu me raccrocher à un détail… Mais en le choisissant, elle m'a définitivement effacé, éliminé.

HIHIHIHI !!!
HIHI !!!

HIHIHI !!!
HIHI !!!
HIHIHI !!!

SIGNORE, T'ES PERDUTO ?
RRRRRRRR
CALMA, CALMA.

SCUSI, LES ENFANTS.
JE VEUX PAS DE PROBLÈMES.
RRRRRRRRR

TURISTA !
HA HA !

ARTE
SILVAN

MAGICA
MAGIC SHOW
Open

Y A QUELQU'UN ?

BUONASERA !
DÉSOLÉ DE VOUS DÉRANGER. MAIS IL Y A UNE SORTE D'ÉNORME CHIEN-LOUP DEHORS AVEC DES GOSSES BIZARRES...
JE NE SUIS PAS RASSURÉ.

OUI ! C'EST UNE MÈRE ET SES PETITS. ILS TRAÎNENT SOUVENT DANS LE QUARTIER. RIEN D'ANORMAL.
AH...

VOUS ÊTES MAGICIEN ?
SÌ, STUPIDO !
C'EST ÉCRIT SUR LA VITRINE !
JE SUIS LE GRAND SILVAN !

ALORS ÇA VEUT DIRE QUE VOUS POUVEZ...
NON, NE DIS RIEN !
LAISSE-MOI LIRE DANS TES PENSÉES.

TE FAIRE LÉVITER ?
NON.
CRACHER DU FEU ?
NON.

RESPIRER PAR LES OREILLES ?
NON.
C'EST POSSIBLE, ÇA ?

J'AI PAS TOUTE LA NOTTE !
BON ALORS DEMANDE, STUPIDO !!
D'ACCORD.... EH BIEN...
VOUS AURIEZ UN SORTILÈGE, OU UNE SORTE D'ÉLIXIR POUR FAIRE DISPARAÎTRE LA SOUFFRANCE D'AIMER SANS L'ÊTRE EN RETOUR ?

FACILE !
J'AI CE QU'IL TE FAUT !

LE SPRAY ANTI-AMORE !
C'EST UN RÉPULSIF À SENTIMENTS.
UN SEUL PSCHITT DANS LA GORGE ET FINITO ! TU REPARS À ZÉRO.

GÉNIAL !
CENT-CINQUANTE EUROS.
AH, QUAND MÊME.

VOUS VOULEZ UN PETIT SAC ? UN REÇU ?
€€
PAS BESOIN ! C'EST POUR TOUT DE SUITE.

ALORS ?
EUH...
JE ME SENS TOUJOURS AMOUREUX... DÉPRIMÉ... MAIS EN PLUS J'AI UN ARRIÈRE-GOÛT DE CITRONNELLE DANS LA BOUCHE.

QUOI ? C'EST PAS NORMAL.
C'EST INSTANTANÉ.
AH !
ÇA Y EST, JE ME SENS BIZARRE.

OH, DIO MIO !
JE ME SUIS TROMPÉ DE CARTON !
C'EST PAS LE BON SPRAY, STUPIDO.
HEIN ?

SCUSI, SIGNORE !
VOUS POUVEZ DEMANDER UN REMBOURSEMENT SOUS TRENTE JOURS.

AAAAHHHH!!

WOW...
ON EST OÙ, LÀ ?

BUONGIORNO !
DÉSOLÉ, JE SUIS UN PEU PERDU.
VOUS SAVEZ OÙ JE PEUX TROUVER UN ARRÊT DE BUS OU DE MÉTRO POUR ALLER À ROMA TERMINI ?
ROMA ?
SÌ.

GRAZIE.

PAS DE RÉSEAU.

ÇA DOIT ÊTRE UNE SORTE DE PARC ASTÉRIX ITALIEN.

SCUSI !
VOUS POURRIEZ M'INDIQUER LA SORTIE ?
?

QUELLE ÉTRANGE TUNIQUE !
TRÈS EXOTIQUE !
OH... C'EST JUSTE DE LA FRIPE.
TU VIENS D'OÙ, ÉTRANGER ?
D'INDRE-ET-LOIRE.
ENFIN, DE FRANCE !

LA FRANCE ? C'EST QUOI ÇA, LA FRANCE ?
C'EST VERS LES GOTHONES, JE CROIS.
CERTAINEMENT UNE CONTRÉE BARBARE...

ÉCOUTEZ... JE RESPECTE LES INTERMITTENTS DU SPECTACLE.
MAIS JE SUIS FATIGUÉ, JE VEUX JUSTE RENTRER.
C'EST SILVAN LE MAGICIEN QUI VOUS EMPLOIE ?
MAGICIEN ?
MAGIE NOIRE !
SORCELLERIE !
SSSIIFFLLE

SCUSI !
IL EST INTERDIT DE PRATIQUER LA SORCELLERIE SUR LA STRADA PUBBLICA !
ACQUITTE-TOI DE TRENTE SESTERCES, ÉTRANGER !
AH NON !
JE DONNE PLUS RIEN. ÇA SUFFIT !

TRÈS BIEN ! AU CACHOT !
AHHH !

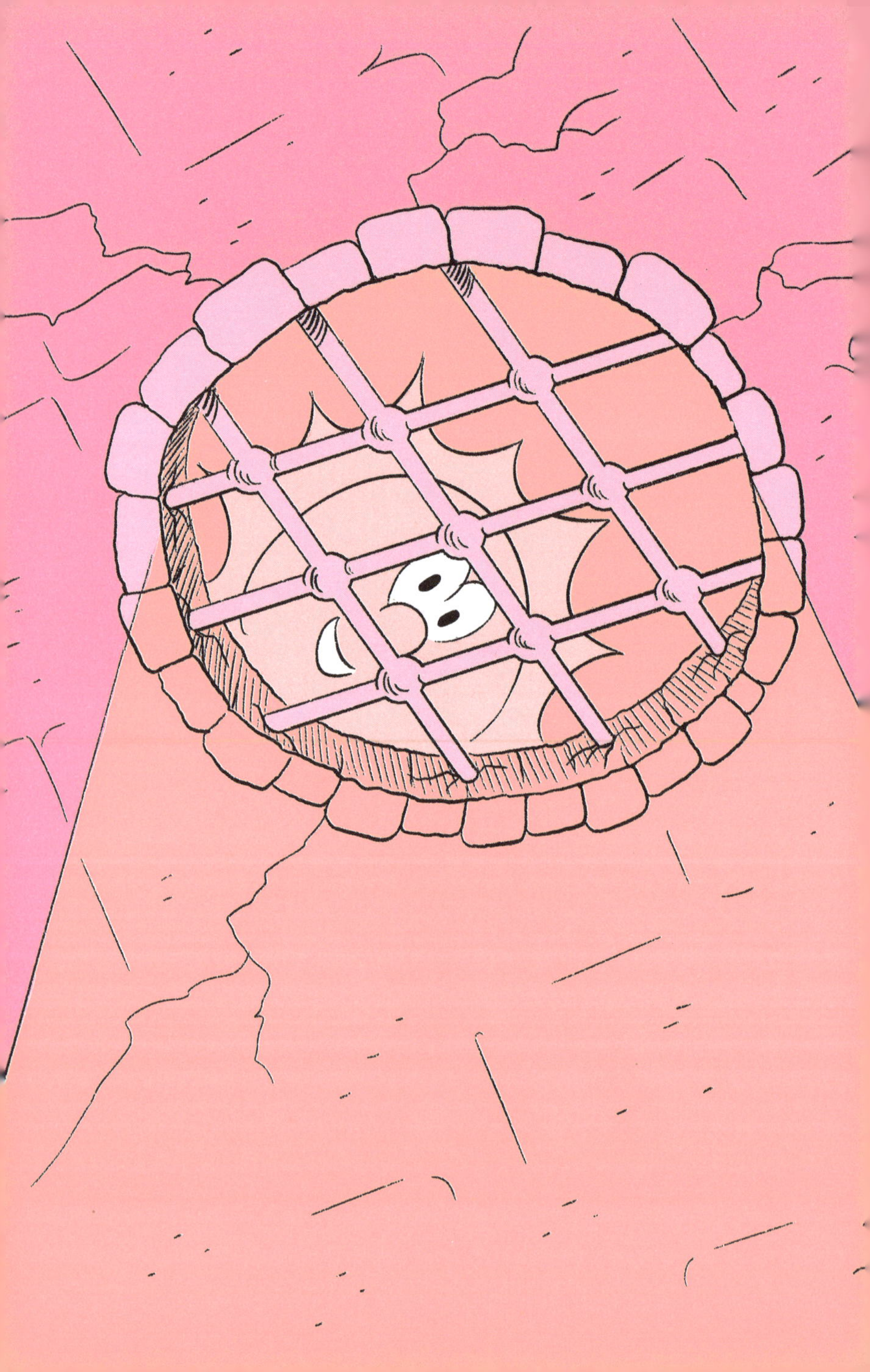

C'EST TON JOUR DE SALUT, ÉTRANGER.
BATS-TOI AVEC HONNEUR !
LA FORCE NE SERA PAS DE TON CÔTÉ...
ÇA VA BEAUCOUP TROP LOIN.

CHOISIS TON ARME !
ÉCOUTEZ, ON EST PARTIS SUR DE MAUVAISES BASES.
LAISSEZ-MOI ALLER RETIRER DE L'ARGENT. IL Y A FORCÉMENT UN DISTRIBUTEUR DANS LE COIN.
ET ON OUBLIE TOUT ?

AVANTI !!!

ET MAINTENANT !
VEUILLEZ ACCUEILLIR...
LE CHAMPION INCONTESTÉ DES SEPT COLLINES...

LE TERRIFIANT !
LE SANGLANT !
LE BRISEUR DE COUPLES...

JEAN-BRIIICCCCIIIUUUSS !!!
HIHIHI !!!

OH NON !
PAS JEAN-BRICE...

C'EST SÛR QU'IL FAIT DU CROSSFIT ENTRE MIDI ET DEUX.

COMBATTEZ !

Moi je n'étais rien. Et voilà qu'aujourd'hui

Je suis le gardien
Du sommeil de ses nuits
Je l'aime à mourir

À MORT !
À MORT !
À MORT !
À MORT !
À MORT !
CLAC !

VOTRE ALTESSE...

À MORT !

RT !
À MORT !
À MORT !
À MORT !
À MORT !

MATHILDE...

MATHILDE !!!
PARDONNE-MOI. TOUT EST DE MA FAUTE.
J'AI COMPRIS !

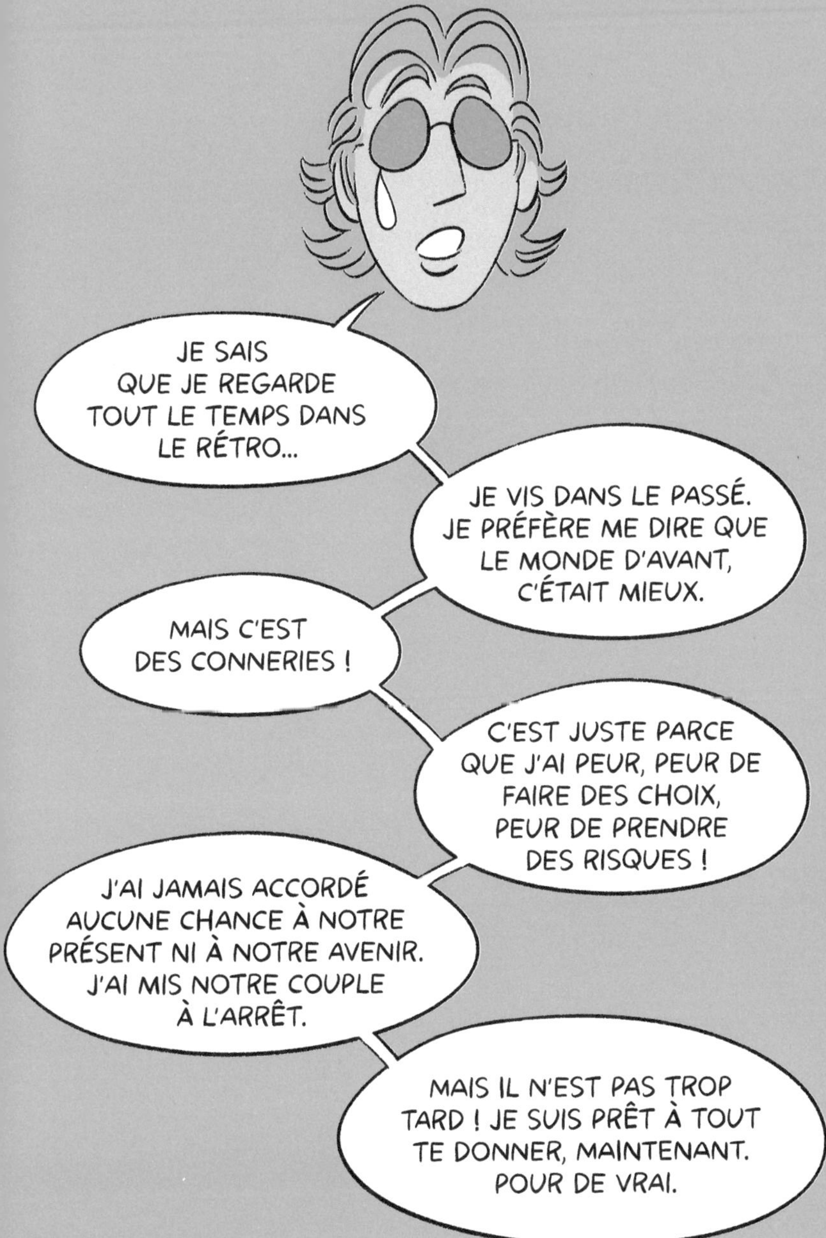
JE SAIS QUE JE REGARDE TOUT LE TEMPS DANS LE RÉTRO...
JE VIS DANS LE PASSÉ. JE PRÉFÈRE ME DIRE QUE LE MONDE D'AVANT, C'ÉTAIT MIEUX.
MAIS C'EST DES CONNERIES !
C'EST JUSTE PARCE QUE J'AI PEUR, PEUR DE FAIRE DES CHOIX, PEUR DE PRENDRE DES RISQUES !
J'AI JAMAIS ACCORDÉ AUCUNE CHANCE À NOTRE PRÉSENT NI À NOTRE AVENIR. J'AI MIS NOTRE COUPLE À L'ARRÊT.
MAIS IL N'EST PAS TROP TARD ! JE SUIS PRÊT À TOUT TE DONNER, MAINTENANT. POUR DE VRAI.

JE NE SERAI PLUS JAMAIS AILLEURS, MATHILDE....

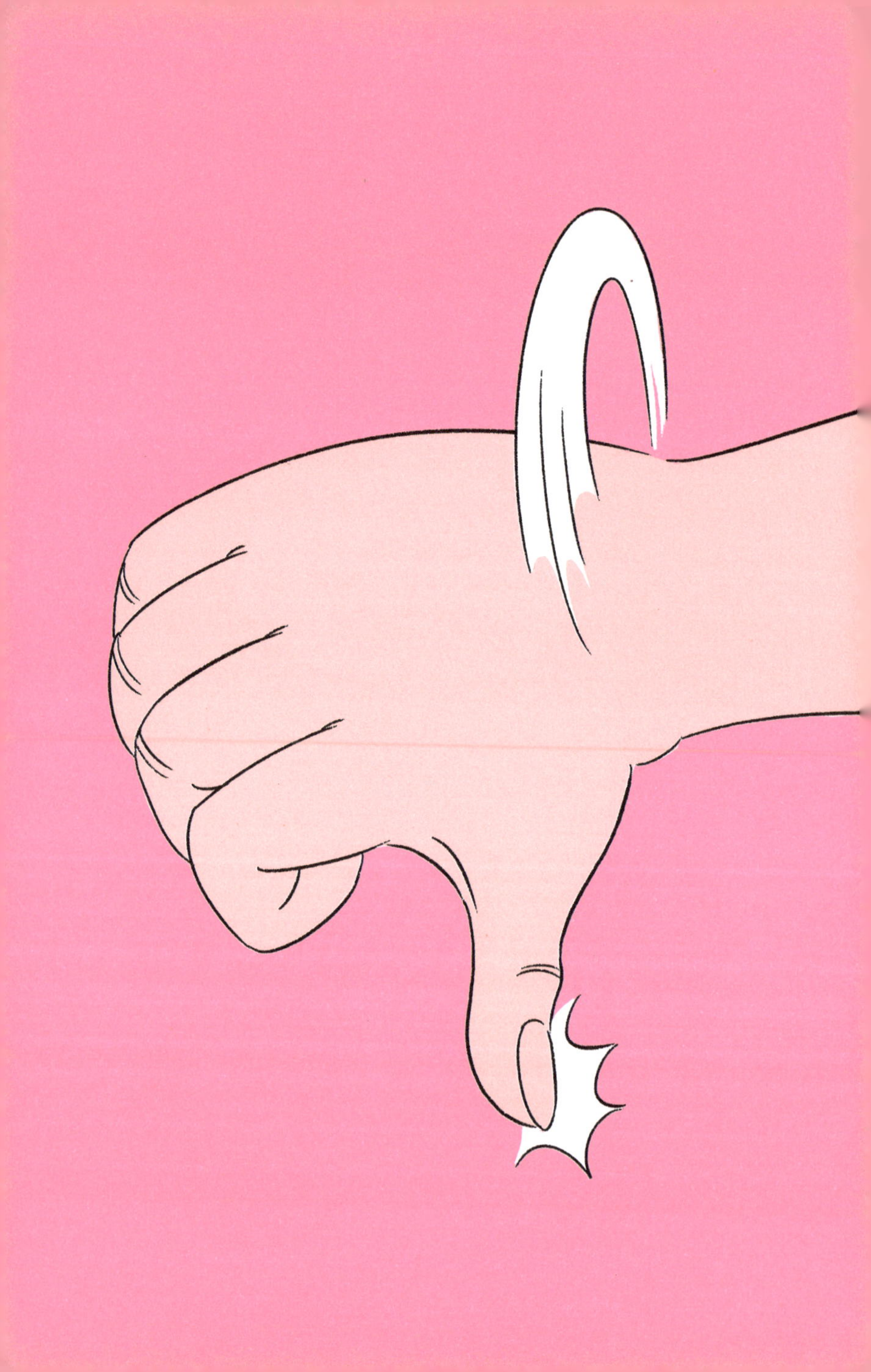

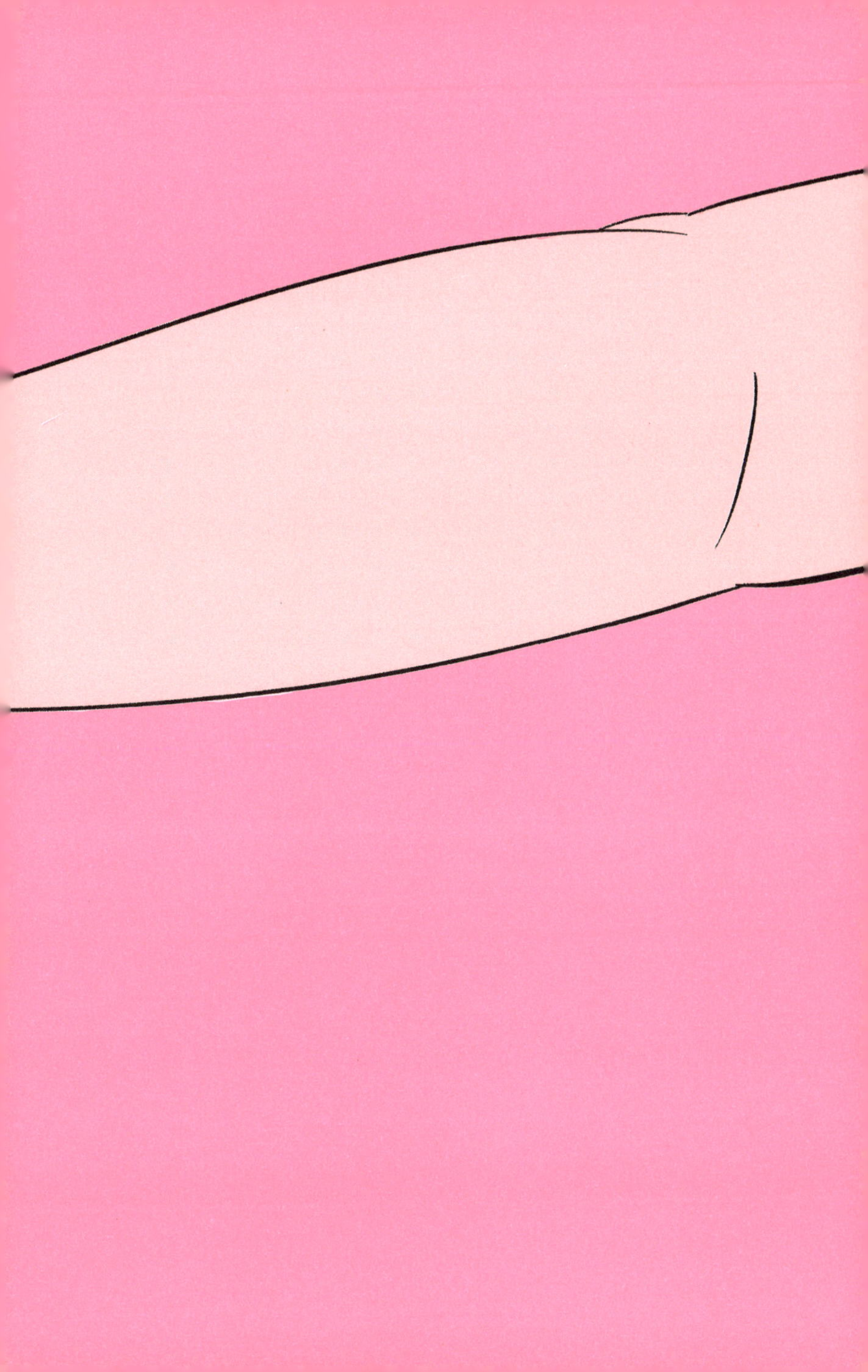

MATHILDE ! NOOOOONN !!!

J'ai attrapé un coup d'soleil. Un coup d'amour un coup d'je t'aime

J'sais pas comment, tout qu'j'me rappelle. Si c'est un rêve, t'es super belle

J'dors plus la nuit, j'fais des voyages

SIGNORE !

IL EST INTERDIT DE S'ALLONGER EN PLEURS SUR LA STRADA PUBBLICA.
PREGO !

WOW.

C'ÉTAIT LES PÂTES LES PLUS INTENSES DE TOUTE MA VIE.

FORUM →

BIGLIETTO - TICKET
BUONGIORNO.
JE VOUDRAIS UN TICKET...
VOUS AVEZ UNE RÉDUCTION PARTICULIÈRE ?
MOINS DE VINGT-CINQ ANS ?
DEMANDEUR D'EMPLOI ?
EN SITUATION DE HANDICAP ?

BIGLIETTO - TICKETS
JE SUIS CÉLIBATAIRE.

Dans les allées presque vides du forum, je vois flou.
Pourtant dans ma tête tout s'éclaircit...

Des souvenirs émergent, par petits fragments, dans le désordre... Mis bout à bout, ils composent la bande-annonce du film inachevé de notre relation.

L'horrible recette de lasagnes ricotta-épinards
qu'on aimait cuisiner ensemble.

Les doux dimanches de lecture, allongés
l'un contre l'autre dans notre vieux canapé
en cuir marron, rue Léon-Frot.

Les débats passionnés et stériles qu'on avait
sur le Nutella ou Jean-Luc Mélenchon.

La soirée déguisée chez Yacine
et notre baiser fougueux, habillés en Tic et Tac.

Nos vacances à vélo catastrophiques
sous la pluie battante du Marais poitevin
pendant la Toussaint.

Les gratouilles dans le dos qu'on se faisait discrètement à la terrasse ensoleillée du Balto.

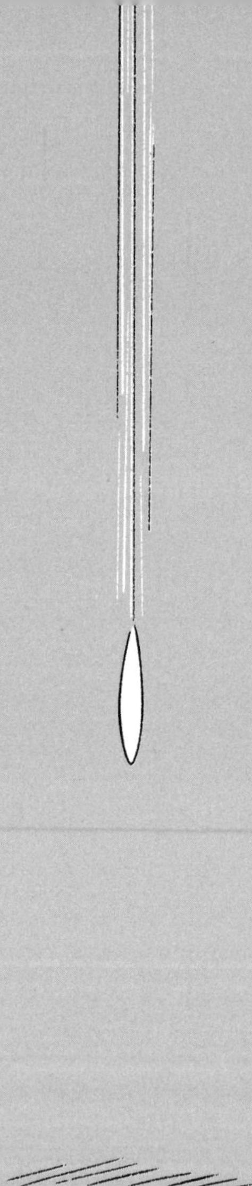

POUIC

Rome Fiun

ino Airport
TAXI

CELIBAT'AIR

Fine

BBBBZZZ

RTL DEEUUX
Le son Pop-Rock!!
BONJOUR À TOUTES ET À TOUS. ON COMMENCE LA JOURNÉE EN DOUCEUR.

AVEC LE PREMIER SINGLE DE LA NOUVELLE SENSATION DU MOMENT.
ÉTIENNE DONDON !
VOUS L'ÉCOUTEZ EN EXCLU, SUR RTL2
IL FERA LA PREMIÈRE PARTIE DE JULIETTE ARMANET AU ZÉNITH DE LILLE LE 9 DÉCEMBRE.

Je me réveille dans un champ de blé
ON VOUS FAIT GAGNER VOS PLACES...

Il y a
cette silhouette

Je ne saurais la reconnaître
C'est un simple contour à contre-jour

J'ai beau lui faire de grands signes. L'appeler à tue-tête
Elle m'ignore tout simplement

Alors j'avance obstinément

Je marche
Je cours

Je vole
Je saute
Mais elle tient la distance

Combien de temps ce jeu va durer entre nous ?
Je continue d'avancer malgré tout

Je sais que les champs de blé ont une fin

Un fossé
une clôture
un chemin

Merci à Silvan le magicien.
Merci à mes ami·es et collègues, et particulièrement à Violette et Maxime pour leurs petits et grands conseils.
Merci à Fabien d'avoir créé ma typo.

À Élodie.
Rendez-vous piazza Navona.

La playlist d'Étienne

1. Richard Cocciante : *Le coup d'Soleil*

2. Pascal Obispo : *Lucie*

3. Joe Dassin : *Il était une fois nous deux*

4. Julien Clerc : *Fais-moi une place*

5. Daniel Balavoine : *Aimer est plus fort que d'être aimé*

6. Michel Jonasz : *Je voulais te dire que je t'attends*

7. Francis Cabrel : *Je l'aime à mourir*

8. Richard Cocciante : *Le coup d'Soleil (bis)*

9. Épilogue : *La chanson d'Étienne*

Enfin

où il sera temps
de tomber amoureux

Où l'on s'arrêtera
tous les deux